SCUOLA D'INGLESE
STORIE PER BAMBINI DI 8/11 ANNI

THE LEGEND OF
ROBIN HOOD

D1734211

G GIUNTI Junior

Riduzione e adattamento: Margherita Giromini
Consulenza linguistica: Albertina Guglielmetti
Revisione a cura di Gesualdo D'Achille
Illustrazioni: Laura Toffaletti

www.giunti.it

© 2005 Giunti Editore S.p.A., Firenze - Milano
Prima edizione: settembre 2005

Ristampa							Anno				
6	5	4	3	2	1	0	2009	2008	2007	2006	2005

Stampato presso Giunti Industrie Grafiche S.p.A. – Stabilimento di Prato

This story begins in the year 1090, in England.

The hero of the story is called Robin Hood

and lives in Sherwood Forest,

a large wood near the town of Nottingham.

Robin Hood is an outlaw.

His companions are outlaws, too.

They live in the forest because they resist
to the Sheriff of Nottingham and to Prince John.

Prince John is the brother
of a great king,
Richard the Lionheart.
King Richard is far
from England,
because he is
in the Holy Land,
on a crusade.

He is a very good king and his people love him.
His brother, Prince John, rules England while
Richard is in the Holy Land, but people don't
love nor respect him.

Prince John is greedy and ambitious.
He hopes that Richard will not come back from
the crusade.

– I will soon become King of England! – he says to his friend, the Sheriff of Nottingham.

The Sheriff of Nottingham is a wicked baron. The people of his land pay heavy and unjust taxes to him.
His soldiers are cruel and pitiless and rob the poor.

Sherwood Forest belongs

to the King and nobody can hunt the royal deer.

But the people are hungry and they sometimes

hunt the King's deer and are imprisoned for this.

Robin Hood wants to defend the poor from the cruelty and the greed of Prince John.

Robin is a nobleman, but the Sheriff of Nottingham has taken from him his castle and his land and wants to kill him.

So Robin has gone into Sherwood Forest
and has become an outlaw.
He is very clever and courageous and he has
become the leader of the people who live in the
Forest.

The outlaws of Sherwood Forest are very good
archers, but Robin is the best of them.
He can also fight with a sword or a stick.

When rich travellers pass through the Forest,
Robin and his band ambush them..

So the Sheriff of Nottingham
decides to offer
a reward for
capturing Robin Hood.

But Robin Hood
is not afraid of the Sheriff.
He says to his men: – When King Richard
comes back, we will fight on his side and we
will defeat Prince John!

– Until then, we will continue to hunt the royal deer in the Forest. I am sure that King Richard will forgive us! – he adds.

– Yes! – cry the men. – We have become outlaws to help the poor, not to rob them!

One day Robin meets a tall and stout man on a bridge on the river. The bridge is too narrow for two people to cross it at the same time.

– I will cross the bridge first! So stop standing in my way! – says the man. Robin doesn't agree. The two men start fighting with their sticks.

Robin strikes the big
man and he falls
into the water.
Then he comes
out and they start
fighting again.

This time the big man throws Robin into
the river.
– Ah, ah! – he laughs,
while Robin tries
to get out of the
cold water.

The fight goes on until the two men are out of breath. Then they stop and talk.

– I am looking for Robin Hood – says the big man. – Do you know him?

Robin laughs: – I am Robin Hood. Who are you and what do you want from me?

– My name is John Little – answers the man.

– I am here to join your band!

– All right, John! You can come with us.
But you are so tall and big that I will
call you Little John! – says Robin.
They laugh and walk into the Forest together.

Then Robin blows his horn and his men come
out of the wood.

– This is Little John! – he says. – He is very strong
and courageous. He will help us fight King Richard's
enemies!

– Long live King Richard! – cry the men.

Soon a new man joins Robin's band.

He is a fat friar called Friar Tuck.

He has a strange job: he helps people cross the river, taking them on his shoulders, but he asks them a lot of money for that.

One day Robin goes to the river to cross it.

At first Robin and Friar Tuck fight,

because Robin doesn't want to pay

so much money.

They fight with their swords.

They are both very strong and the fight goes on for some time.

When they are tired, they stop fighting.

– You are very strong – says Robin.

– Come with me and join my band!

– You must be Robin Hood – says the Friar.

– I have heard a lot about you and your band. I will come with you, if you give me regular and generous meals!

When Robin went into the Forest to become
an outlaw, he left a girl that he loves very much.

Her name is Lady Marian Fitzwalter
and she is very beautiful.

The Sheriff of Nottingham wants to marry
Lady Marian, because her father is very rich.

But Marian loves Robin and she runs away
from her house to hide into Sherwood Forest.

There she finds Robin Hood and stays to live with him and the outlaws.

She becomes a good archer and she learns how to use a sword.

Robin's men call her Maid Marian.

One day Robin hears
that Prince John
is going to pass
through the Forest.
He is on his way
back from a visit to
the Sheriff of Nottingham
and is carrying an enormous sum of money.

When Prince John arrives in the middle of the Forest, he sees two gypsy women.
One of them is holding a crystal ball.

– Do you want to know your future? – they ask the Prince. – We can see it in our crystal ball.
Prince John accepts and the two women go inside his carriage.

– You are going to lose a lot of money – says
one of the gypsies looking inside the ball.
Then the two "women", who are Robin and
Little John disguised as gypsies, tie up Prince
John and rob him.

Then they run into the Forest before Prince
John's men understand what is happening.
As soon as they are safe, Robin blows his horn.
The men come together and they all celebrate
the theft of the Sheriff's money.

– Prince John wanted to use this money
to rebel against King Richard: now he will be
furious and will do anything he can to capture
us. But we will be safe until we stay in the
Forest! – says Robin.

A few weeks later, the outlaws stop a knight

who is passing through Sherwood Forest.

– Give us some money for the poor! – they order.

– I can't give you any money, because

I must pay a large sum for the rescue

of my son, who is prisoner in the Holy Land! –

says the knight.

When Robin hears this, he gives some money
to the knight and they become friends.

Prince John wants to capture Robin Hood,
so he organizes a competition in Nottingham.
– The best archer will win a silver arrow! –
he announces.

A lot of archers come to Nottingham.

Robin Hood is one of them and his men hide among the crowd, ready to protect him.

At the end of the competition, there are only three archers left.

One of them is Robin.

The three archers
are very clever,
but only one of them
can hit the small point
marked at the centre
of the target.

It's Robin Hood, but this time he is disguised as an old man. Prince John doesn't recognize him and gives him the silver arrow.

While the old man is going away, a voice
from the crowd shouts: – That's Robin Hood!
Catch him!
But Robin hides in the crowd,
surrounded by his men.

In the confusion, he can escape and go back to
Sherwood Forest.

Unfortunately, two of Robin's men are captured
by the soldiers and imprisoned.

The Sheriff of Nottingham decides to hang them.

– It will be a good lesson to Robin and his outlaws and if they come to free the prisoners we will capture them! – he says.

On the day of the execution, Robin goes to Nottingham.

On the road, he meets the executioner, catches him, ties him to a tree, takes his clothes from him and puts them on.

When he gets to Nottingham, nobody can recognize him, because the black hood of the executioner hides his face.

Robin's men are already there and are ready to take action.

The Sheriff of Nottingham orders the executioner to hang the two men.

The executioner, that is to say Robin, goes near the prisoners and cuts the ropes that tie them.

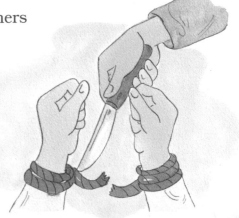

Then he takes off the black hood and shows his face. The people cheer.

– Catch him! – shouts the Sheriff.

Robin's men are ready: they open the gate of the castle and Robin can run out with the prisoners.

Then they close
the gate, so
the Sheriff
and his men
remain inside.

For some time, life goes on quietly in Sherwood
Forest, until one day Robin's men stop a man
who is walking through the Forest.

He is a minstrel
and he can sing
and play the harp
very well.

– My name is Alan-a-Dale – he says. – I am very sad, because the girl I love will marry the brother of the Bishop of Hereford this afternoon!

– We will help you! – says Robin.

Robin Hood, Little John and Alan-a-Dale go to the church. When the ceremony begins, they ask the girl: – Do you want to marry that man?

– No! – answers
the girl.
– I want
to marry
Alan-a-Dale!

Then they take out their swords and Alan-a-Dale
and the girl can get married.
After the ceremony, they all go to the Forest
and celebrate with Robin's band.
The minstrel and his wife decide to live in
Sherwood Forest.

A few months later, Robin hears that King Richard has come back to England, but nobody knows where he is.

One day Robin and his band ambush the Bishop of Hereford who is crossing the Forest with some men.
There is also a tall pilgrim with them, but nobody knows him.
The Bishop of Hereford has a very large sum of money and a letter from Prince John to the Sheriff of Nottingham.

The letter contains
instructions for
the rebellion
to King Richard!

When Robin reads the letter aloud, the tall man
disguised as a pilgrim takes off his hood and
shows his face: he is King Richard!

– I have come back to restore peace and justice
and Robin Hood and his men will help me! –
says the King.

Prince John, the Sheriff of Nottingham
and all the King's enemies are arrested.

Robin Hood can go back to his castle with
Marian; the other outlaws go back to their
homes, too.

Now that the King has come back, there is
no more danger for Robin's men.
The King is very grateful for their help
and they can hunt the royal deer freely!

Traduzione in italiano

Questa storia inizia nell'anno 1090, in Inghilterra.
L'eroe della storia si chiama Robin Hood e vive
nella foresta di Sherwood, un grande bosco presso
la città di Nottingham. Robin Hood è un fuorilegge.
Anche i suoi compagni sono fuorilegge. *(pag. 3)*

Vivono nella foresta perché si oppongono allo Sceriffo
di Nottingham e al Principe Giovanni.
Il Principe Giovanni è il fratello di un grande re, Riccardo
Cuor di Leone. Re Riccardo è lontano dall'Inghilterra,
perché è in Terrasanta, a una crociata. *(pag. 4)*

Egli è un re molto buono e il popolo lo ama. Suo fratello,
il Principe Giovanni, governa l'Inghilterra mentre Riccardo
è in Terrasanta, ma il popolo non lo ama né lo rispetta.
Il Principe Giovanni è avido e ambizioso. Spera che Riccardo
non ritorni dalla crociata. *(pag. 5)*

– Presto diventerò Re d'Inghilterra! – dice al suo amico,
lo Sceriffo di Nottingham.
Lo Sceriffo di Nottingham è un barone malvagio. La gente
delle sue terre gli paga tasse pesanti e ingiuste. I suoi soldati
sono crudeli e spietati e derubano i poveri. *(pag. 6)*

La foresta di Sherwood appartiene al re e nessuno può dare
la caccia ai cervi reali. Ma il popolo è affamato e talvolta
caccia i cervi del re e per questo viene imprigionato. *(pag. 7)*

Robin Hood vuole difendere i poveri dalla crudeltà
e dall'avidità del Principe Giovanni.
Robin è un nobile, ma lo Sceriffo di Nottingham gli ha
portato via il suo castello e la sua terra e vuole ucciderlo.
(pag. 8)

Perciò Robin è andato nella foresta di Sherwood
ed è diventato un fuorilegge. È molto abile e coraggioso
ed è diventato il capo della gente che vive nella foresta.
(pag. 9)

I fuorilegge della foresta di Sherwood sono ottimi arcieri,
ma Robin è il migliore. Sa anche combattere con la spada
o il bastone.
Quando dei ricchi viaggiatori passano attraverso
la foresta, Robin e la sua banda tendono loro
un'imboscata. *(pag. 10)*

Perciò lo Sceriffo di Nottingham decide di offrire
una ricompensa per la cattura di Robin Hood.
Ma Robin Hood non teme lo Sceriffo. Dice ai suoi uomini:
– Quando Re Riccardo tornerà, combatteremo al suo
fianco e sconfiggeremo il Principe Giovanni! *(pag. 11)*

– Fino ad allora, continueremo a cacciare i cervi reali
nella foresta. Sono sicuro che Re Riccardo ci perdonerà! –
aggiunge.
– Sì! – esclamano gli uomini. – Siamo diventati fuorilegge
per aiutare i poveri, non per derubarli! *(pag. 12)*

Un giorno Robin incontra un uomo alto e robusto sopra
un ponte sul fiume. Il ponte è troppo stretto perché due
persone possano attraversarlo insieme.
– Attraverserò io il ponte per primo! Perciò smettila di stare
sul mio cammino! – dice l'uomo. Robin non è d'accordo.
I due uomini iniziano a lottare con i bastoni. *(pag. 13)*

Robin colpisce l'omone ed egli cade in acqua. Poi esce
e ricominciano a lottare.
Questa volta l'omone fa cadere Robin nel fiume. – Ah! Ah! –
ride, mentre Robin cerca di uscire dall'acqua gelida. *(pag. 14)*

La lotta continua finché i due uomini sono senza fiato.
Allora si fermano e parlano. – Sto cercando Robin Hood –
dice l'omone. – Lo conosci?
Robin ride: – Sono io Robin Hood. Chi sei e che cosa vuoi
da me?
– Il mio nome è John Little – risponde l'uomo. – Sono qui
per unirmi alla tua banda. *(pag. 15)*

– Va bene, John! Puoi venire con noi. Ma sei così alto
e grosso che ti chiamerò Little John! – dice Robin.
Ridono e vanno insieme nella foresta.
Poi Robin suona il corno e i suoi uomini escono dal bosco.
– Questo è Little John – dice. – È molto forte e coraggioso.
Ci aiuterà a combattere i nemici di Re Riccardo!
– Lunga vita a Re Riccardo! – esclamano gli uomini. *(pag. 16)*

Ben presto un altro uomo si unisce alla banda di Robin.
È un grasso frate di nome Frate Tuck. Ha uno strano lavoro:
aiuta le persone ad attraversare il fiume, prendendole sulle
spalle, ma per farlo chiede loro molto denaro. *(pag. 17)*

Un giorno Robin va al fiume per attraversarlo. Dapprima
Robin e Frate Tuck lottano, perché Robin non vuole pagare
così tanti soldi. Combattono con le spade. *(pag. 18)*

Sono entrambi molto forti e la lotta va avanti per un po'
di tempo. Quando sono stanchi, smettono di combattere.
– Sei molto forte – dice Robin. – Vieni con me e unisciti
alla mia banda! *(pag. 19)*

– Tu devi essere Robin Hood – dice il frate. – Ho sentito
parlare molto di te e della tua banda. Verrò con te, se mi
darai pasti regolari e abbondanti! *(pag. 20)*

Quando Robin è andato nella foresta per diventare
un fuorilegge, ha lasciato una ragazza che ama molto.
Il suo nome è Lady Marian Fitzwalter ed è molto bella. *(pag. 21)*

Lo Sceriffo di Nottingham vuole sposare Lady Marian,
perché suo padre è molto ricco.
Ma Marian ama Robin e scappa da casa per nascondersi
nella foresta di Sherwood. *(pag. 22)*

Lì trova Robin Hood e rimane a vivere con lui e i fuorilegge.
Diventa un bravo arciere e impara a usare la spada.
Gli uomini di Robin la chiamano Maid Marian. *(pag. 23)*

Un giorno Robin sente che il Principe Giovanni sta per passare
attraverso la foresta. È di ritorno da una visita allo Sceriffo
di Nottingham e trasporta un'enorme somma di denaro.
(pag. 24)

Quando il Principe Giovanni arriva nel mezzo della foresta, vede due zingare. Una di esse tiene in mano una sfera di cristallo.
– Vuoi conoscere il tuo futuro? – chiedono al Principe.
– Possiamo vederlo nella nostra sfera di cristallo.
Il Principe Giovanni accetta e le due donne entrano nella sua carrozza. *(pag. 25)*

– Stai per perdere molto denaro – dice una delle zingare guardando nella sfera di cristallo. Poi le due "donne", che sono Robin e Little John travestiti da zingare, legano il Principe Giovanni e lo derubano. *(pag. 26)*

Poi fuggono nella foresta prima che gli uomini del Principe Giovanni capiscano ciò che sta succedendo. Non appena sono al sicuro, Robin suona il suo corno. Gli uomini arrivano e tutti festeggiano il furto del denaro dello sceriffo.
– Il Principe Giovanni voleva usare questo denaro per ribellarsi a Re Riccardo: perciò sarà furioso e farà di tutto pur di catturarci. Ma noi siamo salvi finché restiamo nella foresta! – dice Robin. *(pag. 27)*

Alcune settimane dopo, i fuorilegge fermano un cavaliere che sta attraversando la foresta di Sherwood.
– Dacci dei soldi per i poveri! – ordinano.
– Non posso darvi soldi, perché devo pagare una grossa somma per il riscatto di mio figlio, che è prigioniero in Terrasanta! – dice il cavaliere. *(pag. 28)*

Quando Robin sente questo, dà del denaro al cavaliere e diventano amici.
Il Principe Giovanni vuole catturare Robin Hood, perciò

organizza una competizione a Nottingham. – Il migliore
arciere vincerà una freccia d'argento! – annuncia. *(pag. 29)*

Molti arcieri giungono a Nottingham. Robin Hood è uno
di loro e i suoi uomini si nascondono tra la folla, pronti
a proteggerlo.

Alla fine della competizione, sono rimasti solo tre arcieri.
Uno è Robin. *(pag. 30)*

I tre arcieri sono molto abili, ma solo uno di loro riesce a colpire
il piccolo punto segnato al centro del bersaglio.
È Robin Hood, ma questa volta si è travestito da vecchio.
Il Principe Giovanni non lo riconosce e gli consegna la freccia
d'argento. *(pag. 31)*

Mentre il vecchio se ne sta andando, una voce dalla folla
grida: – Quello è Robin Hood! Prendetelo!
Ma Robin si nasconde nella folla, circondato dai suoi uomini.
Nella confusione, riesce a scappare e a tornare nella foresta
di Sherwood.
Sfortunatamente, due degli uomini di Robin vengono
catturati dai soldati e imprigionati. *(pag. 32)*

Lo Sceriffo di Nottingham decide di impiccarli.
– Sarà una bella lezione per Robin e i suoi fuorilegge e se
verranno a liberare i prigionieri li cattureremo! – dice. *(pag. 33)*

Il giorno dell'esecuzione, Robin va a Nottingham.
Sulla strada incontra il boia, lo cattura, lo lega a un albero
e gli ruba i vestiti. *(pag. 34)*

Quando arriva a Nottingham, nessuno può riconoscerlo,
perché il cappuccio nero del boia gli nasconde la faccia.
Gli uomini di Robin sono già là e sono pronti a entrare in
azione. Lo Sceriffo di Nottingham ordina al boia di impiccare
i due uomini. Il boia, vale a dire Robin, va vicino ai prigionieri
e taglia le corde che li legano. *(pag. 35)*

Poi si toglie il cappuccio nero e mostra il viso.
La gente applaude. – Prendetelo! – grida lo Sceriffo.
Gli uomini di Robin sono pronti: aprono il cancello
del castello e Robin può scappare con i prigionieri. *(pag. 36)*

Poi chiudono il cancello, così lo Sceriffo e i suoi uomini
rimangono dentro.
Per qualche tempo la vita continua tranquillamente
nella foresta di Sherwood, finché un giorno gli uomini
di Robin fermano un uomo che cammina nella foresta.
È un menestrello e sa cantare e suonare l'arpa molto bene.
(pag. 37)

– Il mio nome è Alan-a-Dale – dice. – Sono molto triste,
perché la ragazza che amo sposerà il fratello del Vescovo
di Hereford questo pomeriggio!
– Ti aiuteremo noi! – dice Robin.
Robin Hood, Little John e Alan-a-Dale vanno in chiesa.
Quando la cerimonia comincia, chiedono alla ragazza: – Vuoi
sposare quell'uomo? *(pag. 38)*

– No! – risponde la ragazza. – Io voglio sposare Alan-a-Dale!
Allora sfoderano le spade e Alan-a-Dale e la ragazza possono

sposarsi. Dopo la cerimonia, vanno tutti nella foresta e fanno festa con la banda di Robin. Il menestrello e sua moglie rimangono a vivere nella foresta di Sherwood. *(pag. 39)*

Alcuni mesi dopo, Robin sente che Re Riccardo è tornato in Inghilterra, ma nessuno sa dove sia.
Un giorno Robin e la sua banda tendono un'imboscata al Vescovo di Hereford che sta attraversando la foresta con alcuni uomini.
Con loro c'è anche un alto pellegrino, ma nessuno lo conosce. Il Vescovo di Hereford ha con sé una grossa somma di denaro e una lettera del Principe Giovanni per lo Sceriffo di Nottingham. *(pag. 37)*

La lettera contiene le istruzioni per la ribellione a Re Riccardo!
Quando Robin legge la lettera a voce alta, l'uomo alto travestito da pellegrino si toglie il cappuccio e mostra il viso: è Re Riccardo! *(pag. 41)*

– Sono tornato per riportare la pace e la giustizia e Robin Hood e i suoi uomini mi aiuteranno! – dice il re.
Il Principe Giovanni, lo Sceriffo di Nottingham e tutti i nemici del re vengono arrestati.
Robin Hood può tornare al suo castello con Marian; gli altri fuorilegge tornano anch'essi alle loro case. *(pag. 42)*

Ora che il re è tornato, non c'è più pericolo per gli uomini di Robin. Il re è molto grato per il loro aiuto e loro possono cacciare liberamente i cervi reali! *(pag. 43)*

Personaggi del libro

Robin Hood, l'eroe della storia ambientata in Inghilterra
nell'anno 1090.
The Sheriff of Nottingham, lo Sceriffo della città
di Nottingham, nemico di Robin Hood e suo rivale
in amore.
King Richard the Lionheart, Re Riccardo Cuor di Leone,
impegnato in una crociata in Terrasanta.
Prince John, il Principe Giovanni, fratello di Riccardo,
colui che ne ha preso il posto.
Lady Marian Fitzwalter, l'innamorata di Robin Hood,
chiamata Maid Marian.
Little John, un uomo grosso e coraggioso che si unisce
a Robin.
Friar Tuck, un grasso frate che entra nella banda di Robin.
the Bishop of Hereford, il Vescovo di Hereford, amico
del Principe Giovanni.
Alan-a-Dale, un menestrello innamorato.
Robin's men, gli uomini della banda di Robin.
the executioner, il boia.
the soldiers, gli uomini dello Sceriffo.

Luoghi dove si svolge la storia

England, l'Inghilterra.
Sherwood Forest, la foresta di Sherwood.
the Holy Land, la Terrasanta, dove si svolgono le crociate.
Nottingham, la città dove vivono lo Sceriffo e il Principe
Giovanni.

VERBI AL TEMPO PRESENTE

In questa storia le vicende si svolgono nel tempo passato. Ma i verbi sono espressi quasi tutti al presente, come se l'azione si stesse svolgendo in questo momento. Un'occasione, quindi, per imparare a riconoscere e a usare correttamente una regola della lingua inglese: per formare la terza persona singolare del tempo presente si aggiunge una s alla forma verbale dell'infinito senza il to.

In questa tabella trascriviamo le forme verbali del tempo presente, terza persona singolare, che ricorrono nel libro.

INFINITO	III PERS. SING.	SIGNIFICATO
to accept	accepts	accettare
to answer	answers	rispondere
to ask	asks	chiedere
to become	becomes	diventare
to begin	begins	cominciare
to belong	belongs	appartenere
to blow	blows	soffiare
to catch	catches	prendere
to contain	contains	contenere
to come	comes	venire
to decide	decides	decidere
to fall	falls	cadere
to get	gets	prendere
to give	gives	dare
to go	goes	andare
to hear	hears	ascoltare
to help	helps	aiutare

to hide	hides	nascondere
to hope	hopes	sperare
to join	joins	unire
to know	knows	conoscere
to laugh	laughes	ridere
to learn	learns	imparare
to love	loves	amare
to meet	meets	incontrare
to order	orders	ordinare
to promise	promises	promettere
to read	reads	leggere
to rule	rules	governare
to run	runs	correre
to say	says	dire
to shout	shouts	gridare
to show	shows	mostrare
to stay	stays	stare
to steal	steals	rubare
to strike	strikes	colpire
to take	takes	portare
to throw	throws	gettare
to try	tries	tentare
to want	wants	volere

VERBI IRREGOLARI

Nel racconto ci sono alcune forme verbali che non si trovano direttamente nel dizionario. A volte è il passato remoto (seconda colonna), altre volte il participio passato (terza colonna), altre volte il presente. La ricerca del significato andrà fatta a partire dal verbo all'infinito (prima colonna) senza il to.

INFINITO	PASSATO	PARTICIPIO	SIGNIFICATO
to be	was	been	essere
to become	became	become	diventare
to begin	began	begun	iniziare
to catch	caught	caught	prendere
to come	came	come	venire
to cut	cut	cut	tagliare
to fall	fell	fallen	cadere
to fight	fought	fought	combattere
to find	found	found	trovare
to forgive	forgave	forgiven	perdonare
to get	got	got	diventare
to hang	hung	hung	impiccare
to hear	heard	heard	ascoltare
to hide	hid	hidden	nascondere
to hit	hit	hit	colpire
to know	knew	known	conoscere
to learn	learnt	learnt	imparare
to lose	lost	lost	perdere
to run	ran	run	correre
to say	said	said	dire
to see	saw	seen	vedere
to show	showed	shown	mostrare
to sing	sang	sung	cantare
to stand	stood	stood	stare
to steal	stole	stolen	rubare
to strike	struck	struck	picchiare
to tell	told	told	dire

Dizionario dei termini usati nel libro

A

a, an uno, una, un
a few alcuni, qualche
a lot of un mucchio di, molti
about quasi, circa
action azione
add (to) aggiungere
afraid spaventato
after dopo
afternoon pomeriggio
again di nuovo, ancora
against contro
agree (to) essere d'accordo
all tutti, tutto
aloud a voce alta
already già
also anche
ambitious ambizioso
ambush imboscata
among tra (più di due)
answer (to) rispondere
any qualsiasi
archer arciere
arrested arrestato, fermato
arrive (to) arrivare
arrow freccia
as come (termine di paragone)
ask (to) chiedere
away via

B

back indietro
ball palla, sfera
band banda
baron barone
be (to) essere
beautiful bello
because perché (nelle risposte)
become (to) diventare
before prima
begin (to) cominciare
belong (to) appartenere
best meglio, il migliore
between tra (due)
big grande, grosso
black nero
blow (to) soffiare
both entrambi
bridge ponte
brother fratello
but ma
by da (complemento d'agente)

C

call (to) chiamare
can potere (io posso, tu puoi,...)
capture (to) catturare

capture cattura
carriage carro
carry (to) trasportare
castle castello
catch (to) prendere
celebrate (to) festeggiare
centre centro
ceremony cerimonia
cheer (to) applaudire
church chiesa
clever bravo, intelligente
close (to) chiudere
cloth abito, tessuto
cold freddo
come (to) venire
come back (to) tornare
companion compagno
competition competizione
confusion confusione
contain (to) contenere
continue (to) continuare
courageous coraggioso
cross (to) attraversare
crowd folla
cruel crudele
cruelty crudeltà
cry (to) gridare
crystal cristallo
cut (to) tagliare

D

danger pericolo
day giorno
decide (to) decidere
deer cervo, cervi
defeat (to) sconfiggere
defend (to) difendere
disguise (to) travestirsi

E

end fine
enemy, enemies nemico, nemici
England Inghilterra
enormous enorme
escape (to) fuggire
everything ogni cosa
execution esecuzione
executioner boia

F

face viso
fall (to) cadere
far lontano
fat grasso
father padre
fight (to) lottare, combattere
find (to) trovare
first primo, per primo

for per
forest foresta
forgive (to) perdonare
free libero
freely liberamente
friar frate
friend amico
from da
furious furioso
future futuro

G

gate cancello
generous generoso
get (to) prendere, arrivare
get out (to) uscire
get married (to) sposarsi
girl ragazza
give (to) dare
go (to) andare
good buono
grateful grato
great grande
greedy avido
gypsy zingaro

H

hang (to) appendere, impiccare
happen (to) succedere

harp arpa
he egli (soggetto)
hear (to) ascoltare
heavy pesante
her suo, sua, suoi, sue (di lei)
here qui
hero eroe
hide (to) nascondere
him lui (complemento)
himself lui stesso
his suo, sua, suoi, sue (di lui)
hit (to) colpire
hold (to) tenere, sostenere
home casa (dove si vive)
hood cappuccio
hope (to) sperare
horn corno
house casa (edificio)
how come
hungry affamato
hunt (to) cacciare
hunt caccia

I

if se
imprisoned imprigionato
in dentro
inside all'interno
instruction istruzione
into dentro

J

job lavoro
join (to) unirsi
justice giustizia

K

kill (to) uccidere
king re
knight cavaliere
know (to) conoscere, sapere

L

land terra
large ampio, grande
later più tardi
laugh (to) ridere
leader capo
learn (to) imparare
left rimasto
lesson lezione
letter lettera
life vita
little piccolo
live (to) vivere
long lungo
look (to) guardare
lose (to) perdere
love (to) amare

M

man, men uomo, uomini
mark (to) segnare
marry (to) sposare
me me (complemento)
meal pasto
meet (to) incontrare
middle in mezzo
minstrel menestrello
money soldi
more di più, più
much molto, molti
my mio, mia, miei, mie

N

name nome
narrow stretto
near vicino
new nuovo
nobleman nobile
nobody nessuno
now ora

O

of di
offer (to) offrire
old vecchio
on su
one uno (numero)

only soltanto
open (to) aprire
or o, oppure
order (to) ordinare
organize (to) organizzare
out fuori
out of breath senza fiato
outlaw fuorilegge

P

pass (to) passare
pass through (to) attraversare
pay (to) pagare
peace pace
people gente
pilgrim pellegrino
pitiless senza pietà
play (to) suonare, giocare
point punto
poor povero
prepare (to) preparare
prisoner prigioniero
protect (to) proteggere

Q

quietly tranquillamente

R

ready pronto
rebel (to) ribellarsi

recognize (to) riconoscere
regular regolare
remain (to) rimanere
rescue liberazione, salvataggio
resist (to) resistere
respect (to) rispettare
restore (to) ristabilire
reward ricompensa
rich ricco
right giusto
river fiume
road strada
rob (to) derubare
rope corda
royal reale
rule (to) governare
run (to) correre
run out (to) uscire di corsa

S

sad triste
safe sicuro
say (to) dire
see (to) vedere
shoulder spalla
shout (to) gridare
show (to) mostrare
side lato
silver argento
sing (to) cantare
small piccolo

so così
soldier soldato
some qualcuno, alcuni
son figlio
soon presto
stand (to) stare in piedi
start (to) iniziare
stay (to) stare, restare
steal (to) rubare
stick (to) attaccare
stop (to) fermare
story storia
stout robusto
strange strano
strike (to) colpire, picchiare
sum somma
sure sicuro
surround (to) circondare
sword spada

T

take (to) prendere
take from (to) portar via
take off (to) togliere
take out (to) sfoderare, tirare fuori
talk (to) parlare
tall alto
target bersaglio
tax tassa
taxe (to) tassare

tell (to) dire
that quello
the il, lo, la, i, gli, le
theft furto
their il loro, la loro, i loro, le loro
them loro (complemento)
then allora
they essi
three tre
through attraverso
throw (to) gettare
tie up (to) legare
time ora, tempo
tired stanco
to a, verso
together insieme
too anche
town città
traveller viaggiatore
treasure tesoro
tree albero
try (to) provare
two due

U

understand (to) capire
unfortunately sfortunatamente
unjust ingiusto
until fino a
us noi (complemento)
use (to) usare

V

very molto
visit (to) visitare
voice voce

W

walk (to) camminare, andare
want (to) volere
water acqua
way via, modo
week settimana
well bene
what che cosa
when quando
where dove
while mentre
who chi
wicked cattivo
wife moglie
win (to) vincere
with con
woman, women donna,donne
wood bosco

Y

year anno
yes sì
you tu
your tuo, tua, tuoi, tue

Indice